BEI GRIN MACHT SICH IHR WISSEN BEZAHLT

AF145778

- Wir veröffentlichen Ihre Hausarbeit, Bachelor- und Masterarbeit

- Ihr eigenes eBook und Buch - weltweit in allen wichtigen Shops

- Verdienen Sie an jedem Verkauf

Jetzt bei www.GRIN.com hochladen und kostenlos publizieren

GRIN

Bibliografische Information der Deutschen Nationalbibliothek:

Die Deutsche Bibliothek verzeichnet diese Publikation in der Deutschen National-bibliografie; detaillierte bibliografische Daten sind im Internet über http://dnb.d-nb.de/ abrufbar.

Impressum:

Copyright © 2017 GRIN Verlag
Druck und Bindung: Books on Demand GmbH, Norderstedt Germany
ISBN: 9783668707924

Dieses Buch bei GRIN:

https://www.grin.com/document/426586

Silvia Ganthaler

Die Erstellung eines Trainingsplans für das Ausdauer-training

GRIN Verlag

GRIN - Your knowledge has value

Der GRIN Verlag publiziert seit 1998 wissenschaftliche Arbeiten von Studenten, Hochschullehrern und anderen Akademikern als eBook und gedrucktes Buch. Die Verlagswebsite www.grin.com ist die ideale Plattform zur Veröffentlichung von Hausarbeiten, Abschlussarbeiten, wissenschaftlichen Aufsätzen, Dissertationen und Fachbüchern.

Besuchen Sie uns im Internet:

http://www.grin.com/

http://www.facebook.com/grincom

http://www.twitter.com/grin_com

Deutsche Hochschule für
Prävention und Gesundheitsmanagement
Hermann Neuberger Sportschule 3
66123 Saarbrücken

Einsendeaufgabe

Fachmodul: Trainingslehre 2

Studiengang: Fitnessökonomie

Datum
Präsenzphase: 11.12.2017 bis 13.12.2017

Name, Vorname: Ganthaler Silvia

Studienort: Zürich

Semester: Wintersemester 2016

Inhaltsverzeichnis

1 Diagnose

1.1 Allgemeine und biometrische Daten

Tab. 1: Allgemeine und biometrische Daten (eigene Darstellung)

Alter	21 Jahre
Geschlecht	Weiblich
Körpergröße	170 cm
Körpergewicht	61 kg
Fettmasse	14,5 kg
Trainingsmotive	Definierte Muskeln, Verbesserung der Regenerationsfähigkeit, Greifenseelauf
Berufliche Tätigkeit	Studierende Fitnessökonomie
Aktuelle sportliche Aktivitäten	Hypertrophietraining (2er-Split) vier Mal pro Woche, jeweils 1 h Radfahren drei Mal pro Woche, jeweils 30 min. (laut subjektivem Anstrengungsempfinden Wert 14 auf der Borg-Skala)
Frühere sportliche Aktivitäten (ab 2017 chronologisch absteigend)	Zwei Jahre Krafttraining, drei bis vier Mal pro Woche, jeweils 1 bis 1,5 h Vier Jahre Eiskunstlauf, vier Mal pro Woche jeweils 2 h, Kategorie Interbronze Sieben Jahre Kunstturnen, 2 Mal pro Woche jeweils 2 h, Kategorie B
Zeitlicher Verfügungsrahmen	1,5 h pro Tag, 4 Tage pro Woche
Blutdruck	102/61 mmHg
Bewertung des Blutdrucks	Die Werte von Frau G. liegen im Normbereich (vgl. Tab.2)
Ruhepuls	61 S/min
Bewertung des Ruhepulses	Der Ruhepuls liegt im Normalbereich zwischen 60-80 (Schneider, Wolcke & Böhmer, 2010)
Orthopädische Probleme	Keine
Internistische Probleme	Keine
Ärztliche Behandlungen	Keine
Einnahme von Medikamenten	Keine
Sonstige Einschränkungen	Keine

Tab. 2: Hypertonie-Beurteilung (Erwachsene >18 Jahre)

Blutdruck Kategorie	Systolisch (mmHg)		Diastolisch (mmHg)
Normaler Blutdruck	<120	und	<80
Erhöhter Blutdruck	120-129	und	<80
Hypertonie 1. Grades	130-139	oder	80-89
Hypertonie 2. Grades	>140	oder	>90

1.2 Leistungsdiagnostik/Ausdauertestung

Zur Ausdauertestung von Frau G. wurde der Hollmann- und Venrath-Test durchgeführt.

1.2.1 Begründung der Wahl des Hollmann-Venrath-Tests

Dieser Fahrradergometertest wurde ausgewählt, da er durch seine längere Belastungs-
dauer von drei Minuten eher Stady-State-Bedingungen auf den einzelnen Belastungsstufen ermöglicht als der WHO-Test und weil die Testperson aufgrund ihrer aktuellen und
früheren sportlichen Aktivitäten als genügend trainiert dafür eingestuft wurde. Es wurde
bei ihr eine Belastbarkeit von mindestens 150 Watt angenommen.

Die Pulsobergrenze wurde nach IPN berechnet, da diese nicht nur das Alter, sondern auch
wichtige Parameter hinsichtlich der Belastbarkeit, wie Ruhepuls und Trainingszustand,
berücksichtigt.

1.2.2 Testverlauf

1.2.2.1 Voreinstufung

Für Frau G. wurde eine Pulsobergrenze von 150 S/min. festgelegt, dies wurde von folgenden Tabellen abgeleitet.

Tab. 3: Voreinstufung nach Ruheherzfrequenz und Lebensalter (modifiziert nach Trunz, 2001; IPN, 2004, S.4)

Alter/ HfRuhe	<20	20-29	30-39	40-49	50-59	60-69	>70
<50	140 S/min	135 S/min	130 S/min	125 S/min	115 S/min	110 S/min	105 S/min
50-59	145 S/min	140 S/min	135 S/min	125 S/min	120 S/min	115 S/min	110 S/min
60-69	145 S/min	145 S/min	135 S/min	130 S/min	125 S/min	120 S/min	115 S/min
70-79	150 S/min	145 S/min	140 S/min	135 S/min	130 S/min	125 S/min	120 S/min
80-89	155 S/min	150 S/min	145 S/min	140 S/min	135 S/min	125 S/min	125 S/min
>90	160 S/min	155 S/min	150 S/min	145 S/min	135 S/min	130 S/min	125 S/min

Tab. 4: Voreinstufung unter zusätzlicher Berücksichtigung der Trainingshäufigkeit ausdauerrelevanter Aktivitäten (modifiziert nach Trunz, 2001; IPN, 2004, S. 4)

Trainingszustand	Trainingshäufigkeit pro Woche	Stunden pro Woche	Pulsaufschlag
Kein Ausdauertraining	0 Mal	0	Keiner
Wenig Ausdauertraining	1-2 Mal	≤ 1	Keiner
Moderates Ausdauertraining	2-3 Mal	1-2	Plus 5 S/min
Viel Ausdauertraining	3-4 Mal	2-4	Plus 10 S/min
Sehr viel Ausdauertraining	> 4 Mal	≥ 4	Plus 15 S/min

1.2.2.2 Testablauf

Nachdem die Pulsobergrenze festgelegt wurde, wurden alle wichtigen Informationen über den Ablauf des Tests und das ausgewählte Belastungsschema vermittelt (vgl. Tab. 5).

Eingansbelastung	30 Watt
Stufendauer	3 Minuten
Belastungssteigerung	40 Watt
Umdrehungszahl	60–80 Umdrehungen pro Minute, die Testperson versuchte stets nahe an 70 Umdrehungen pro Minute zu bleiben
Pulsobergrenze	150 S/min Pulsobergrenze nach IPN: Zielherzfrequenz nach Voreinstufung (vgl. Tab. 3 und Tab. 4)
Testgröße	Wattleistung der zuletzt durchgefahrenen Belastungsstufe bei Erreichen der definierten Pulsobergrenze, bei Erreichung der Pulsobergrenze vor Ende der Belastungsstufe Zeitinterpolation
Normbewertung	Relative Soll-Watt-Leistung (Watt/kg KG)

Danach wurde die Sitzhöhe so eingestellt, dass, in Fahrposition, die Ferse bei durchgestrecktem Bein auf dem Pedal abgelegt werden konnte. Anschließend wurde der Test durchgeführt (vgl. Tab. 5).

Tab. 6: Testprotokoll vom 17.12.2017

Testprotokoll	Datum 17.12.2017 Hf unmittelbar vor Beginn des Tests: 71 S/min. Weitere Messungen nach jeder abgelaufenen Minute			
Zeit	Watt	Hf 1	Hf 2	Hf 3
0	30	87	89	89
3	70	103	109	115
6	110	125	129	134
9	150	143	146	150
Wattleistung gesamt	150			
Relative Soll-Watt-Leistung	2,46			
Bewertung anhand der Normtabelle	☺			

1.2.3 Bewertung des Testergebnisses

Die Testperson konnte vier Belastungsstufen vollständig durchfahren und hat somit die Voraussetzung, 150 Watt zu treten, erfüllt. Nach drei Minuten bei 150 Watt wurde erstmals die Pulsobergrenze erreicht. Da zu diesem Zeitpunkt auch die Stufe endete, wurde folglich auch der Test beendet. Um die Relative Soll-Watt-Leistung zu errechnen wurde die zuletzt durchfahrene Stufe, also 150 Watt, durch Frau G.s Körpergewicht von 61 kg geteilt. Heraus kam 2,46 Watt pro kg Körpergewicht was laut Normwerttabelle für submaximale Radergometertests (vgl. Tab. 7) für Frauen gut ist.

Tab. 7: Ausschnitt der Normtabelle für submaximale Radergometertest – Relative Watt-Soll-Leistung (Watt pro kg) bei Frauen (modifiziert nach IPN, 2004, S. 8)

Alter/ Intensität	<30	Bewertung
0,5	1,15	☹☹
...		
0,6	1,70	Ø
0,61	1,8	Ø
0,62	2,0	Ø
0,63	2,1	☺
0,64	2,3	☺
0,65	2,4	☺
...		
0,7	3,4	☺☺

1.3 Gesundheits- und Leistungsstatus der Person

Sowohl bei der Diagnose als auch bei der Ausdauertestung von Frau G. wurden keine gesundheitlichen Einschränkungen gefunden, ihr Gesundheitsstatus ist also sehr gut. Ihr Leistungszustand ist laut IPN deutlich über dem Durchschnitt und wird als gut eingestuft. Daraus wurde abgeleitet, dass für die Testperson hinsichtlich Belastbarkeit alle Ausdauertrainigsmethoden und Bewegungsformen angewendet werden können. Trotzdem wird aufgrund der Zielsetzung von Frau G., im Rahmen des folgenden Makrozyklus auf die intensive Intervallmethode verzichtet.

2 Zielsetzung/Prognose

Zusammen mit Frau G. wurden aus ihren Motiven realistische Ziele abgeleitet, die sie innerhalb des Makrozyklus erreichen kann. Ausgegangen wurde von Folgenden Ist-Werten.

Tab. 8: Ist-Werte von Frau G. (eigene Darstellung)

Fettmasse	15,1 kg
Ruhepuls	61 S/min

Tab. 9: Zielsetzung von Frau G. (eigene Darstellung)

Trainings-motiv	Ziel	Ausmaß	Zeit	Begründung
Definierte Muskeln	Körperfett-reduktion	2 kg	12 Wo-chen	Um Muskeln besser zu definie-ren, muss der Körperfettanteil gesenkt werden, aus diesem Grund wurde als erstes Ziel Körperfettreduktion gewählt. Gegenwärtig liegen die Werte von Frau G. im Normbereich, ebenso nach Erreichung des Zieles (vgl. Tab. 9).
Verbesse-rung der Regenerati-onsfähigkeit	Senkung des Ruhe-pulses	6 S/min.	18 Wo-chen	Eine bessere Ausdauer bedeu-tet auch eine bessere Regene-rationsfähigkeit und da ein nied-riger Ruhepuls ein Indikator für eine gute Ausdauerfähigkeit ist, wurde die Senkung dessen als 2. Ziel festgelegt.
Greifen-seelauf	21,1 km durchlaufen	Unter 2 Stunden	24 Wo-chen	Frau G. ist motiviert am nächs-ten Greifenseelauf teilzuneh-men. Ihr Ziel ist es die Laufstre-cke von 21,1 km in unter 2 h zu bewältigen. Dieses Ziel ist für sie ein großer Ansporn, da sie sich im Wettbewerb mit ande-ren messen kann und so an Ihre Grenzen getrieben wird.

Tab. 10: Normwerte nach Van Loan (1990)

Fettmasse	12,0 kg – 17,3 kg

3 Trainingsplanung Mesozyklus

3.1 Grobplanung Mesozyklus

1. Mesozyklus	
Dauer	7 Wochen
Übergeordnete Trainingszielsetzung	Stabilisierung der Grundlagenausdauer Einführung in die variable Dauermethode
Wöchentlicher Gesamttrainingsumfang	2,5 - 3,5 Stunden
Trainingsmethoden	Extensive Dauermethode Variable Dauermethode
Intensität	60-85%Hf_{max}
Trainingshäufigkeit pro Woche	3 - 4 Mal
Trainingsdauer	30-90 Minuten
Trainingsgeräte/Bewegungsformen	Laufen (Laufband und Outdoor)

3.2 Detailplanung Mesozyklus

Tab. 11: Detailplanung des 1. Mesozyklus: Woche 1 (eigene Darstellung)

Trainingstag	Mo	Mi	Fr
Trainingsziel	Entwicklung (Entw.) GA1	Entwicklung GA1	Entwicklung GA1
Trainingsmethode	Extensive DM	Extensive DM	Extensive DM
Trainingsintensität in % Hf_{max}	60-75	60-75	60-75
Trainingsherzfrequenz in S/min	119-149	119-149	119-149
Trainingsdauer	50 min	50 min	50 min
Trainingsgeräte/Bewegungsform	Laufband (Jogging)	Laufband (Jogging)	Laufen (Outdoor)

Tab. 12: Detailplanung des 1. Mesozyklus: Woche 2 (eigene Darstellung)

Trainingstag	Mo	Mi	Fr	So
Trainingsziel	Entwicklung GA1	Entwicklung GA1	Entwicklung GA1	Entwicklung GA1
Trainingsmethode	Extensive DM	Extensive DM	Extensive DM	Extensive DM
Trainingsintensität in % Hf$_{max}$	60-75	60-75	60-75	60-75
Trainingsherzfrequenz in S/min	119-149	119-149	119-149	119-149
Trainingsdauer	50 min	50 min	50 min	30 min
Trainingsgeräte/Bewegungsform	Laufband (Jogging)	Laufen (Outdoor)	Laufband (Jogging)	Laufen (Outdoor)

Tab. 13: Detailplanung des 1. Mesozyklus: Woche 3 (eigene Darstellung)

Trainingstag	Mo	Mi	Fr	So
Trainingsziel	Entwicklung GA1	Entwicklung GA1	Entwicklung GA1	Entwicklung GA1
Trainingsmethode	Extensive DM	Extensive DM	Extensive DM	Extensive DM
Trainingsintensität in % Hf$_{max}$	60-75	60-75	60-75	60-75
Trainingsherzfrequenz in S/min	119-149	119-149	119-149	119-149
Trainingsdauer	50 min	50 min	50 min	50 min
Trainingsgeräte/Bewegungsform	Laufband (Jogging)	Laufen (Outdoor)	Laufband (Jogging)	Laufen (Outdoor)

Tab. 14: Detailplanung des 1. Mesozyklus: Woche 4 (eigene Darstellung)

Trainingstag	Mo	Mi	Fr	So
Trainingsziel	Entwicklung GA1	Entwicklung GA1	Entwicklung GA1	Entwicklung GA1
Trainingsmethode	Extensive DM	Extensive DM	Extensive DM	Extensive DM
Trainingsintensität in % Hf$_{max}$	60-75	60-75	60-75	60-75
Trainingsherzfrequenz in S/min	119-149	119-149	119-149	119-149
Trainingsdauer	30 min	30 min	40 min	50 min
Trainingsgeräte/Bewegungsform	Laufen (Outdoor)	Laufen (Outdoor)	Laufen (Outdoor)	Laufen (Outdoor)

Tab. 15: Detailplanung des 1. Mesozyklus: Woche 5 (eigene Darstellung)

Trainingstag	Mo	Mi	Fr	So
Trainingsziel	Entwicklung GA1	Entw. GA1 Einführung in das Training mit höheren Intensitäten	Entwicklung GA1	Entw. GA1 Angewöhnung an höhere Intensitäten
Trainingsmethode	Extensive DM	Variable DM	Extensive DM	Variable DM
Trainingsintensität in % Hfmax	60-75	EDM 60-75 IDM 75-85	60-75	EDM 60-75 IDM 75-85
Trainingsherzfrequenz in S/min	119-149	EDM 119-149 IDM 149-169	119-149	EDM 119-149 IDM 149-169
Trainingsdauer	55 min	40 min (5:5)	55 min	40 min (5:5)
Trainingsgeräte/ Bewegungsform	Laufen (Outdoor)	Laufen (Outdoor)	Laufen (Outdoor)	Laufen (Outdoor)

Tab. 16: Detailplanung des 1. Mesozyklus: Woche 6 (eigene Darstellung)

Trainingstag	Mo	Mi	Fr	So
Trainingsziel	Entwicklung GA1	Entw. GA1 Angewöhnung an höhere Intensitäten	Entwicklung GA1	Entw. GA1 Angewöhnung an höhere Intensitäten
Trainingsmethode	Extensive DM	Variable DM	Extensive DM	Variable DM
Trainingsintensität in % Hfmax	60-75	EDM 60-75 IDM 75-85	60-75	EDM 60-75 IDM 75-85
Trainingsherzfrequenz in S/min	119-149	EDM 119-149 IDM 149-169	119-149	EDM 119-149 IDM 149-169
Trainingsdauer	60 min	45 min (5:5)	60 min	45 min (5:5)
Trainingsgeräte/ Bewegungsform	Laufen (Outdoor)	Laufen (Outdoor)	Laufen (Outdoor)	Laufen (Outdoor)

Tab. 17: Detailplanung des 1. Mesozyklus: Woche 7 (eigene Darstellung)

Trainingstag	Mo	Mi	Fr	So
Trainingsziel	Entwicklung GA1	Entw. GA1 Angewöhnung an höhere Intensitäten	Entwicklung GA1	Entw. GA1 Angewöhnung an höhere Intensitäten
Trainingsmethode	Extensive DM	Variable DM	Extensive DM	Variable DM
Trainingsintensität in % Hfmax	60-75	EDM 60-75 IDM 75-85	60-75	EDM 60-75 IDM 75-85
Trainingsherzfrequenz in S/min	119-149	EDM 119-149 IDM 149-169	119-149	EDM 119-149 IDM 149-169
Trainingsdauer	60 min	40 min (4:6)	65 min	45 min (4:6)
Trainingsgeräte/Bewegungsform	Laufen (Outdoor)	Laufen (Outdoor)	Laufen (Outdoor)	Laufen (Outdoor)

3.3 Begründung zum Mesozyklus

3.3.1 Begründung zum angestrebten wöchentlichen Trainingsumfang

Um eine progressive Belastungssteigerung zu generieren, wurde das Training mit einem wöchentlichen Trainingsumfang von 2,5 Stunden begonnen und danach, mit Ausnahme von Woche 4, wöchentlich bis zu einem Maximum von 3,5 Stunden gesteigert. Woche 4 wurde der Umfang auf 2,5 Stunden reduziert um den Organismus zu entlasten. Dieser befindet sich zwischen der 3. und 4. Trainingswoche in einem geschwächten Zustand, da er Anpassungen an den beanspruchten Funktionssystemen, wie das zentrale und vegetative Nervensystem, das kardiopulmonale System, das Immunsystem, den Stoffwechsel, das Hormonsystem u.a., bewältigt. Somit haben wir einen Belastungs-Entlastungsrythmus von 3:1 (Neumann, Pfützner & Berbalk, 2013, Kap. 3).

Die größte Steigerung des Umfangs gab es nach der 1. Woche, da ein Trainingstag mehr eingeführt wurde. Dies wurde, wie auch die wöchentliche Steigerung des Umfangs, aufgrund des Prinzips der progressiven Belastungssteigerung gemacht, welches besagt, dass Trainingsreize welche über einen längeren Zeitraum gleichbleiben, die Wirksamkeit in Bezug auf die Leistungssteigerung verlieren und daher die Belastung systematisch gesteigert bzw. angepasst werden muss (Eisenhut & Zintl, 2014, S. 18). In diesem Sinne wurde der diesem Trainingsprinzip zugehörige Grundsatz Häufigkeit vor Umfang vor Intensität (Biedert, Meyer & Jungi, 1997, S. 953) eingehalten.

3.3.2 Begründung zu den ausgewählten Trainingsmethoden

In dem dargestellten Mesozyklus wurde die extensive und variable Dauermethode eingesetzt. Bis zu Woche 4 wurde ausschließlich die extensive Dauermethode geplant. Diese Methode ist für Frau G. geeignet, weil damit ihre Grundlageausdauer ausgebaut, ihr oxidativer Stoffwechsel trainiert, das Herzkreislaufsystem ökonomisiert und die Fettsäurereoxidation verbessert werden kann (Gimbel, 2014, S. 195). Da die Testperson bisher noch kein strukturiertes Ausdauertraining durchgeführt hat, sind diese Funktionen bei ihr noch stark ausbaubar.

Die variable Dauermethode wurde ab der 4. Woche eingeführt, um Frau G. an höhere Intensitäten zu gewöhnen. Somit verbessert sich nicht mehr nur die oxidative, sondern durch die intensiveren Abschnitte auch die glykolytischen Energiebereitstellung. Außerdem kommt es in den extensiven Phasen zu einer Steigerung der Laktatkompensation und

-elimination sowie einer Verbesserung der Regenerationsfähigkeit (Gimbel, 2014, S. 195). Die extensive Dauermethode wird 2 Mal wöchentlich weitergeführt um die Grundlagenausdauer weiterhin zu verbessern und die Trainierende durch Erhöhung der Dauer der extensiven Dauertrainingseinheiten an längere Belastungen zu gewöhnen.

3.3.3 Begründung zur Belastungsprogression

Wie schon erwähnt, wurde nach dem Prinzip der Progressiven Belastungsprogression erst die Häufigkeit und dann der Umfang gesteigert (vgl. Kap. 3.3.1). Erst nachdem die Häufigkeit von 4 Tage pro Woche, welche ihrem zeitlichen Verfügungsrahmen entspricht, erreicht wurde, wurde der Belastungsumfang pro Trainingseinheit erhöht. Und erst nach erreichen von 50 Minuten pro Trainingseinheit wurde dann in der 5. Woche die Intensität langsam gesteigert, um einen neuen überschwelligen Reiz zu setzen und somit neue Anpassungsreaktionen hervorzurufen (Eisenhut & Zintl, 2014, S.18). Dafür wurde Frau G. unter Berücksichtigung des Prinzips der variierenden Belastung, mithilfe einer neuen Methode, der variablen Dauermethode, an höhere Intensitäten herangeführt (Eisenhut & Zintl, 2014, S. 20).

3.3.4 Begründung zu den Angesteuerten Trainingsbereichen

Das gesamte Training befindet sich im Bereich der Grundlagenausdauer 1. „Die Grundlagenausdauer ist die Basisfähigkeit für alle Arten sportartspezifischer Ausdauer" (Schnabel, Harre, Krug & Kaeubler, 2008) und durch ihre Verbesserung erhöht sich der Anteil des aeroben Stoffwechsels bei intensiveren Ausdauerleistungen (Schnabel et al., 2008). Sie ist also das Grundgerüst des Ausdauertrainings und daher sollten Laufanfänger mit einem Training im Bereich der Grundlagenausdauer 1 beginnen (Haas, 2013).

3.3.5 Begründung der ausgewählten Ausdauergeräte bzw. Bewegungsformen

Laufen wurde gewählt, da es mit einer Beteiligung von rund 70 % der Gesamtmuskulatur, die beste Bewegungsform ist um Fett zu verbrennen und Ausdauer aufzubauen (Berth, o.J., S.26). Genau dies ist wichtig für Frau G. um ihre Ziele zu erreichen. Auch ist es hinsichtlich des Ziels am Greifensee-Lauf teilzunehmen ein sportartspezifisches Training. Die ersten drei Wochen wird zwischen Laufen auf dem Laufband und Laufen Outdoor abgewechselt, um beide Bewegungsformen richtig zu erlernen und zu koordinieren, danach wird aufgrund persönlicher Präferenzen jede Trainingseinheit im Freien absolviert. Das Laufband dient ab diesem Moment nur noch als Ausweichgerät bei schlechten Wetterbedingungen.

4 Literaturrecherche: Effekte des Ausdauertrainings bei chronisch obstruktiven Atemwegserkrankungen (COPD)

Tab. 18: Effekte von Kombiniertem Kraft und Ausdauertraining im Vergleich zu ausschließlichem Krafttraining bei Patienten mit COPD (Zambom-Ferraresi et al., 2015)

Wer hat die Studie durchgeführt?	Zambom-Ferraresi F., Cebollero P., Gorostiaga E. M., Hernández M., Hueto J., Cascante J., Rezusta L., Val L., Anton M.M.
In welchem Jahr wurde die Studie publiziert?	November/Dezember 2015
Mit welchen Versuchspersonen wurde die Studie durchgeführt?	Die Studie wurde mit 36 Patienten mit mittlerer bis schwerer COPD durchgeführt.
Wie sah der Versuchsaufbau der Studie aus?	Die Patienten wurden randomisiert in Trainingsgruppen mit kombiniertem Kraft und Ausdauer Training, ausschließlich Krafttraining und Kontrollgruppen unterteilt. Die Studienteilnehmer wurden auf Maximalkraft der oberen und unteren Extremitäten, maximale und submaximale Leistungsfähigkeit (mittels 6-Minuten-Gehtest) und Lebensqualität getestet. Die Trainingsgruppe mit kombiniertem Kraft und Ausdauer Training führte ein Mal pro Woche eine Krafttrainingseinheit und ein Mal pro Woche Ausdauertrainingseinheit durch, während die Gruppe mit ausschließlichem Krafttraining zwei Krafttrainingseinheiten pro Woche absolvierte. Beide Gruppen trainierten so für 12 Wochen.
Welche relevanten Ergebnisse und Schlussfolgerungen liefert die Studie?	Beide Gruppen erzielten ähnlich hohe Zuwächse an Maximalkraft. So verzeichnete man einen Kraftzuwachs von 19% ($P \leq .01$), ebenso die Verbesserung im 6-Minuten-Gehtest und die Steigerung der Lebensqualität war bei beiden Trainingsgruppen ähnlich. Die Gruppe mit kombiniertem Training konnte außerdem eine Verbesserung der Maximalen Leistungsfähigkeit um 13% ($P < .05$) und eine Reduktion der Herzfrequenz und Blutlaktatwerte bei gegebener Submaximaler Belastung erreichen. Diese Ergebnisse befürworten somit die Verschreibung von zusätzlichem Ausdauertraining bei COPD.

Tab. 19: Lang-Zeit Wirkung von intensiven Fahhrradergometertraining bei Patienten mit fort-geschrittener COPD (Pothirat et al., 2015)

Wer hat die Studie durchgeführt?	Ulrik Winning Iepsen, Gregers Druedal Wibe Munch, Mette Rugbjerg, Anders Rasmussen Rinnov,Morten Zacho, Stefan Peter Mortensen, Niels H Secher, Thomas Ringbaek, Bente Klarlund Pedersen, Ylva Hellsten, Peter Lange, Pia Thaning
In welchem Jahr wurde die Studie publiziert?	2016
Mit welchen Versuchspersonen wurde die Studie durchgeführt?	Die Studie wurde mit 41 Patienten mit mittlerer bis sehr schwerer COPD in stabilem Zustand (keine Verschlimmerung in den letzten 6 Wochen vor Versuchsbeginn) durchgeführt. Alle Versuchspersonen waren über 40, ehemalige Raucher, welche mindestens 10 Jahre rauchten, mit mindestens einen Fall von Verschlimmerung im vergangenen Jahr. Ausschlusskriterien waren: Patienten mit Langzeit- Sauerstofftherapie, Lungenendzündung innerhalb der letzten drei Monate, Herzkrankheiten oder andere Krankheiten die das Training einschränken.
Wie sah der Versuchsaufbau der Studie aus?	Die Patienten mit fortgeschrittener COPD wurden in zwei Gruppen unterteilt: 27 in die Gruppe mit intensiven Ergomertertrainingsprogramm und 14 in die Kontrollgruppe. Die klinischen Parameter wurden bei allen Patienten in den ersten drei Monaten monatlich, danach alle 3 Monate bis Versuchsende, nach 24 Monaten, gemessen. Der Mann–Whitney-U Test wurde verwendet um die Unterschiede zwischen den Gruppen zu vergleichen. Das Trainingsprogramm bestand aus Intensiv- und Erhaltungsphasen. Zwei intensive Phasen pro Woche für 16 Wochen. Jede Trainingseinheit beinhaltete Fahrradergometertraining für die oberen und unteren Extremitäten. Bevor jedem Training wurde ein kurzes Aufwärmen von 10 bis 15 Minuten absolviert, dann wurde 30 bis 40 Minuten bei mäßiger Intensität trainiert (30% - 35% der Herzfrequenzreserve) bei 45 – 55 Umdrehungen pro Minute. Die Patienten wurden darauf trainiert an ihre Grenzen der Atemnot zu gehen. Wöchentlich wurde die Dauer der einzelnen Trainingseinheiten um 5 Minuten und alle zwei Wochen die Intensität um 5% der Herzfrequenzreserve erhöht, bis zu einem Maximum von 50 - 60 Minuten und einer Intensität von 50%–55% der Herzfrequenzreserve. Bei Atemnot die auf der RPE-Skala mit mehr als 6 bewertet wurde, wurden kurze

	Pausen eingelegt. Bei einer Sauerstoffsättigung unter 90% wurde Sauerstoff über eine Nasenkanüle zugeführt. Nach jeder Trainingssession war ein 10-Minütiges Cool down erlaubt. Die Erhaltungsphase ging vom dritten bis zum 24. Monat, dabei wurden alle Patienten der Trainingsgruppe ermutigt zuhause gleich weiter zu trainieren. Die Kontrollgruppe wurde ermutigt die ganze Studiendauer alleine zu Hause zu trainieren.
Welche relevanten Ergebnisse und Schlussfolgerungen liefert die Studie?	Die Gruppe mit intensiven Fahrradergometertraining zeigte signifikante Verbesserungen in Muskelkraft und Ausdauerzeit, im 6 Minuten-Geh-Test, im Schweregrad der Atemnot und in der Lebensqualität über den gesamten Studienverlauf. Bezüglich Überlebensrate gab es keine signifikanten Unterschiede zwischen den Gruppen, ebenso gab es bei beiden Gruppen keine signifikanten Änderungen der Lungenfunktion und des BMIs. Die Studie liefert die Schlussfolgerung, dass intensives Ergometertraining bedeutende Langzeitverbesserungen auf verschiedene klinische Parameter bewirkt, somit sollte es Patienten mit schwerer COPD angeraten werden.

5 Tabellenverzeichnis

6 Literaturverzeichnis

American Heart Association (2017). Guideline for the Prevention, Detection, Evaluation, and Management of High Blood Pressure in Adults. *Journal of the American College of Cardiology,22*.

Jürgen B. (o.J.). Die richtige Wahl. Ausdauertraining. Aktiv zum perfekten Herz-Kreislauf-Training. Zugriff am 28.12.2017. http://www.wirsehenuns-online.de/downloads/dakbroschuereausdauertraining.pdf

Biedert, R. M., Meyer, S. & Jungi, M. (1997). Keeping fit when injured. *Der Orthopäde, 26* (11), 951–954. https://doi.org/10.1007/PL00003348

Eisenhut, A. & Zintl, F. (2014). *Ausdauertraining. Grundlagen, Methoden, Trainingssteuerung* (Sportwissen, 1. Aufl.). München: BLV.

Gimbel, B. (2014). Planung und Steuerung des Ausdauertrainings. In B. Gimbel (Hrsg.), *Körpermanagement* (S. 193–200). Berlin, Heidelberg: Springer Berlin Heidelberg. https://doi.org/10.1007/978-3-662-43643-1_12

Haas, H.-J. (2013). Vom Wohlfühltempo zum Marathon. *physiopraxis, 11* (03), 28–31. https://doi.org/10.1055/s-0033-1342998

Neumann, G., Pfützner, A. & Berbalk, A. (2013). *Optimiertes Ausdauertraining. [Trainingsplanung, Leistungsaufbau, Ernährungstipps]* (7. Aufl.). Aachen: Meyer & Meyer.

Pothirat, C., Chaiwong, W., Phetsuk, N., Liwsrisakun, C., Bumroongkit, C., Deesomchok, A. et al. (2015). Long-term efficacy of intensive cycle ergometer exercise training program for advanced COPD patients. *International journal of chronic obstructive pulmonary disease, 10,* 133–144. https://doi.org/10.2147/COPD.S73398

Schnabel, G., Harre, D., Krug, J. & Kaeubler, W.-D. (Hrsg.). (2008). *Trainingslehre - Trainingswissenschaft. Leistung - Training - Wettkampf.* Aachen: Meyer & Meyer.

Schneider, T., Wolcke, B. & Böhmer, R. (2010). *Taschenatlas Notfall & Rettungsmedizin. Kompendium für den Notarzt* (4. Auflage). Berlin, Heidelberg: Springer-Verlag Berlin Heidelberg. https://doi.org/10.1007/978-3-642-01051-4

Trunz, E. (2001). IPN-Test® – Ausdauertest für den Fitness- und Gesundheitssport. Köln, Institut für Prävention und Nachsorge.

Zambom-Ferraresi, F., Cebollero, P., Gorostiaga, E. M., Hernández, M., Hueto, J., Cascante, J. et al. (2015). Effects of Combined Resistance and Endurance Training Versus Resistance Training Alone on Strength, Exercise Capacity, and Quality of Life in

Patients With COPD. *Journal of cardiopulmonary rehabilitation and prevention, 35* (6), 446–453. https://doi.org/10.1097/HCR.0000000000000132